La Soberanía de Dios en la Providencia

John G. Reisinger

NEWCOVENANT
MEDIA

5317 Wye Creek Drive, Frederick, MD 21703-6938
301-473-8781 | info@newcovenantmedia.com
www.NewCovenantMedia.com

La Soberanía de Dios en la Providencia

John G. Reisinger

Copyright propiedad intelectual © 2012 por Sovereign Grace New Covenant Ministries

ISBN 978-1-928965-41-1
Las solicitudes de información se deben dirigir a:
New Covenant Media
5317 Wye Creek Drive
Frederick, MD 21703-6938

Citas de las escrituras designadas (NVI) son de la BIBLIA SAGRADA, NUEVA VERSIÓN INTERNACIONAL ® NVI ® Copyright © 1999 por Biblica.
Scripture quotations marked (RVR 1960) are from the Reina Valera © 1960. El texto Bíblico ha sido tomado de la versión Reina-Valera © 1960 Sociedades Bíblicas en America Latina; © renovado 1988 Sociedades Bíblicas Unidas. Utilizado con permiso.

La Soberanía de Dios en la Providencia

Porque de él, y por él, y para él, son todas las cosas. A él sea la gloria por los siglos. Amén.

Romanos 11:36

Hay seis principios que son básicos para el concepto de la soberanía de Dios en la providencia que corren a través de la Palabra de Dios y refuerzan su mensaje de salvación. Es esencial entender y creer estos seis principios para tener un entendimiento bíblico, ya sea de Dios mismo o de la teología de su gracia soberana. Entender y aplicar estas verdades a su vida diaria es el fundamento de esperanza bíblica que lleva a una alegría verdadera en el Señor. Es difícil tener un sentido de seguridad que sea razonable y esperanzador mientras vivamos en nuestros días presentes, en un mundo loco sin conocimiento ni aprecio de la soberanía de Dios en la providencia presentados en estas seis verdades bíblicas.

¿Entiende usted el mensaje de esperanza y gracia presentado en la Palabra de Dios, o tiene problema poniéndolo todo junto en un sistema entendible? ¿Puede usted relacionar la verdad de la Biblia a su vida cotidiana, o ve usted las doctrinas de la Escritura sin relación a las situaciones de su vida personal hoy? Este libro está escrito precisamente con el propósito de darle una clara y especifica ayuda en estas dos áreas. Está diseñado para ayudarle a entender lo que la Biblia realmente dice, y a aplicar ese mensaje a las situaciones de la vida real que usted debe enfrentar en su mundo personal.

Los seis principios fundamentales de la doctrina de la Soberanía de Dios en la providencia han sido listados abajo:

I. *Dios tiene un plan y propósito definido para el mundo.* Job 23:13; Ef. 1:8-12.

II. *Dios siempre está en control de todas las cosas y está constantemente trabajando para cumplir su plan.* Hab. 1:1-11; Is. 10:5,6.

III. *Dios controla y usa a todos, aun al diablo, para llevar a cabo su plan.* Is. 10:7-11; Sal. 76:10.

IV. *Dios castiga a las personas que el mismo usa para llevar a cabo sus propósitos cuando ellos actúan con propósitos equivocados.* Is. 10:12-16; Hch. 2:23,24; Mt. 27:15-26.

V. *Todas las cosas vienen de Dios, pero el diablo es el agente del mal.* 2 Sam. 24:1; 1 Cr. 21:1.

VI. *Aun toda enfermedad y aflicción son parte del propósito de Dios y están bajo su control soberano, no quiere decir que toda enfermedad y aflicción sea disciplina a causa de pecado.* Job 1:1, 6-2:10; 13:15.

Antes de examinar estos seis conceptos, déjeme prepararlo mentalmente para lo que viene. Este tema va a poner a prueba no solo su conocimiento básico de las escrituras pero también su capacidad de aplicarlo a las situaciones en la vida. Todos por naturaleza nos oponemos a pensar detenidamente, sobre algo nuevo. Como la aguja del tocadiscos, damos vuelta y vuelta en la misma ranura. Quiero asegurarme que su mente este prestando atención y que usted esté realmente pensando.

Simplemente suponga que el próximo domingo usted se esté rasurando y escuchando la radio. El noticiero anuncia que durante la noche anterior, exactamente a la media noche toda clase de casa de prostitución, toda tienda pornográfica, todo casino de apuestas, y toda casa de cualquier clase de pecado misteriosamente derrumbaron y fueron totalmente destruidas. Su reacción probablemente sería exclamar *"Gloria al Señor"*. Cuando usted va a su clase dominical, alguien le pregunta "¿cómo explica lo sucedido?, ¿Qué piensa usted que pasó?" Estoy seguro que usted respondería "Fue la mano de Dios. Dios seguramente tuvo que ver con eso." Su explicación sería correcta. Los descreídos puede que no acepten su explicación y que los periódicos y noticieros de televisión, puede que inventen toda clase de teorías, pero usted le atribuiría la cosa entera a Dios y se regocijaría en su trabajo soberano.

Ahora supongamos que el próximo domingo por la mañana usted está de nuevo rasurándose y el mismo noticiero reporta, "Durante la noche anterior, exactamente a la media noche, toda iglesia creyente en la biblia del país entero, muy misteriosamente fueron derrumbadas y totalmente destruidas." Yo me pregunto, ¿qué diría usted entonces? ¿Dirían la mayoría de cristianos, "Bendito sea el Señor," ¿o dirían, "Fue el diablo"?

¿Por qué alguien le culparía – o mejor dicho – acreditaría a Dios por la primera situación, (la destrucción de los lugares malos) y entonces le acreditarían al diablo la destrucción de las iglesias? Si nosotros entendemos las escrituras claramente, especialmente textos como Ro. 11:36 y Ro. 8:28, nosotros tendríamos que reconocer la mano de Dios en ambos casos. El propósito entero de este capítulo es enseñarnos que *Dios soberanamente controla cada una de las cosas que suceden, así sean buenas o malas.* Dios está involucrado de una o de otra manera en todo evento, y cada detalle minucioso de ese evento. Si esto no es cierto, entonces no tenemos realmente una esperanza segura para nuestras vidas en esta generación confundida.

El *Dualismo* Es Herejía

Cuando las personas asignan todo lo bueno a Dios y todo lo malo al diablo, ellos son culpables de una herejía antigua llamada el *dualismo*. El *dualismo* básicamente asume a Dios y al diablo (bueno y malo) como dos poderes independientes y soberanos luchando por el control total de este mundo. Nosotros esperamos ansiosamente que nuestro lado gane, pero a veces, no se ve muy prometedor. Tristemente hoy en día muchos cristianos son culpables de creer esta misma herejía. Este es el error de cualquier grupo que enfatiza salud y abundancia como derecho de nacimiento de todo cristiano, y culpa al diablo por todo lo que interrumpe su felicidad personal. Esto es un *dualismo* peor de los casos.

¿Por qué cristianos sinceros hacen esto? ¿Por qué le dan crédito a Dios por lo bueno y culpan al diablo por lo malo, inconscientemente negando la soberanía de Dios? Es probablemente porque están intentando proteger a Dios. Ellos están tratando de hacer de manera más fácil el creerle y amarle a través de librar a Dios de responsabilidad por toda cosa que aparenta ser mala, y acreditarlo por todo lo que aparente ser bueno. Una joven enfermera que trabaja en el área de emergencia de un hospital me dijo que cuando alguien de cierta iglesia en particular de esa ciudad tenía un accidente, el pastor se apresuraba en llegar al hospital. Sus primeras palabras hacia la víctima y su familia eran, "Recuerden que Dios no tuvo nada que ver con esto."

Supongo que el pobre hombre temía que las personas abandonaran la fe. Si pone atención por un momento a lo que el pastor ha declarado, podrá notar el error en la declaración. El hombre puede haber intentado proteger a Dios, pero en realidad, el estaba preparando el camino para la desesperación y la incredulidad. Estaba dejando a la persona herida totalmente en las manos de Satanás o a un destino ciego y cruel. Él estaba moviendo inconscientemente a Dios fuera del escenario cuando la persona afligida mas necesitaba la reafirmación del control de la soberanía de Dios.

Una tarde, un hombre me compartió su testimonio y me comentó de un amigo que había muerto en un accidente trágico en un avión militar. El oficial a cargo de la situación buscaba como confortar a la madre y le dijo lo siguiente:

Es imposible que esto se repita de nuevo. Es un accidente tan raro que nunca podría repetirse de nuevo. Nadie hubiera podido haber previsto o controlado los eventos. Simplemente no hay explicación.

La madre era una cristiana que entendía las verdades que estamos presentando, y ella respondió:

Señor, puede que usted no crea que Dios estaba ahí en el avión con mi hijo, pero yo sí. No tengo idea porque Dios permitió que esto sucediera, pero yo sé que fue parte de su propósito soberano y su mano estaba en control total del avión, el clima, y la vida de mi hijo.

¡Cuán diferente es la teología y esperanza de la madre a la del pastor en el cuarto de emergencia!

¿Qué Tan Poderoso Es Dios?

Suponga que usted fuera víctima de un accidente y estuviera tirado en el suelo lleno de dolor. ¿Le ayudaría la teología y las palabras de consuelo de aquel pastor? ¿Cómo se sentiría si alguien le dijera que Dios no tuvo nada que ver con lo que pasó? Cuánto tiempo le tomaría para empezar a formarse preguntas muy serias y lógicas como: "¿Dónde estaba Dios cuando esto sucedió? ¿Lo pudo El haber evitado? ¿Fue el diablo más fuerte que Dios en esta situación? ¿Realmente el diablo causó el accidente, aun cuando Dios intentaba desesperadamente de prevenir que me sucediera? Pronto usted empezará a preguntarse si está del lado equivocado. Usted podría pensar, y con todo derecho, que si el pastor estuviera en lo correcto, entonces Dios no es tan poderoso como usted pensó que El era.

Estoy seguro que usted puede ver que si Dios no es lo suficientemente grande para controlar las cosas malas tanto como las cosas buenas, tenemos un gran problema. Cuando las cosas malas son más numerosas que las cosas buenas (como en los tiempos de hoy), pareciera como que estuviéramos perdiendo la guerra. Pareciera ser que nuestro lado es el lado débil. Si se ha dado cuenta o no, esto es exactamente lo que ha pasado en los corazones de muchos cristianos en los días presentes. Esta generación ha olvidado la soberanía de Dios y ha exaltado la soberanía del libre albedrío del hombre. Hemos olvidado la santidad de Dios y hemos exaltado la felicidad personal del hombre haciéndola el propósito principal y obligación del evangelio. Estamos tan ocupados con nosotros mismos y nuestros propios placeres que creemos que Dios existe con único propósito de darnos cualquier cosa que nuestro corazón pecaminoso y egoísta desee para hacernos felices. Lo vemos como un botones angelical que está listo para llevar nuestras maletas de ambición egoísta a donde quiera que le digamos – lo consideramos "orando en fe." Cuando no obtenemos lo que queremos, o nos condenamos a nosotros mismos por la falta de fe o perdemos confianza en las promesas de Dios (lo que falsamente creímos eran sus promesas).

Entre más aparenta triunfar nuestros mismos y nuestros pecados, más parece que Dios está perdiendo la guerra porque El es débil e incapaz. La desesperación, frustración y depresión de la presente generación esta en proporción directa a la confusión que tiene acerca del control soberano de Dios sobre todas las cosas, y tal vez lo peor está por venir. El evangelio de "Dios quiere que seas rico y saludable" puede que sea la causa principal por la cual el abandono de fe de esta generación. Un Dios amoroso que se supone le dará todo lo que su corazón desee, será despreciado y ridiculizado cuando no provea la mercancía.

Si un cristiano viviendo en los tiempos malvados de hoy, realmente entendiera Las Escrituras, sería como el chico pequeño que jugaba al beisbol; un hombre vino y le preguntó, "¿Cómo van?" y el joven respondió, "Cuarenta a nada." El hombre preguntó, "¿Quién va ganando?" el joven respondió, "El otro equipo." El hombre queriendo ser simpatético dijo, "¿Has de estar muy desanimado?" La cara del joven pequeño se resplandeció y dijo, "Oh no, no estamos desanimados. ¡**No hemos pasado a batear todavía!**"

El cristiano no mira los titulares de los periódicos, él no mira las probabilidades dadas por los expertos, él no es impresionado ni con los pesimistas ni con los falsos profetas;

el hijo de Dios con entendimiento claro de Las Escrituras, mira a la **soberanía de Dios claramente revelada en esa escritura.** El creyente con conocimiento sabe que está **en el equipo ganador** sin importar lo que el marcador del mundo diga. El sabe que Jesús es El Señor sin importar lo que esté pasando en el mundo o en su vida personal; él tiene confianza que, al final, todo será para su propio bien así como para la Gloria de Dios.

El Calvario Fue Un Día De Victoria

Jesucristo aún era nuestro Señor, y su Padre en control completo sobre todas las cosas el día que pecadores "con manos malvadas," sin saberlo, cumplieron los decretos de Dios y clavaron a nuestro salvador a la cruz. Nuestro bendito señor nunca tuvo más control, nunca fue más soberano y poderoso, de lo que Él fue en el momento en que hombres gritando se burlaron de Él. "¿dónde está tu Dios ahora?" y lo desafiaron a bajarse de la cruz para probar que era el Hijo de Dios. Si usted y yo hubiéramos estado parados bajo la cruz ese día, probablemente nos hubiéramos preguntado si Dios realmente era el Padre de nuestro Señor Jesús. Si él era, ¿Por qué no lo ayudó? ¿Por qué el padre permitió que todas estas cosas le pasaran a su querido Hijo? Nunca hubiéramos entendido, sin revelación, que este era el momento al cual Dios se había movido desde el día que Adán pecó.

Nunca ha habido un día cuando Dios haya sido más triunfante en su poder, amor, y santidad de lo que lo fue en el día de la cruz del Calvario. Jesucristo no fue un mártir; el Hijo de Dios no fue una víctima. El día en Gólgota fue el día de la victoria de Dios, no un día de derrota. Dios era el comandante supremo quien controlaba cada una de los detalles de ese evento. El mundo y el diablo pudieron haber pensado que el plan de Dios y su propósito habían sido frustrados, pero ellos estaban equivocados. El Calvario fue un día de victoria gloriosa para la gracia soberana. Los pecadores se jactaron y se burlaron sin darse cuenta que sus mismos pensamientos y acciones estaban cumpliendo los propósitos ordenados por Dios.

Examinemos ahora los seis principios de la Palabra de Dios sobre los cuales estas gloriosas verdades están basadas.

PRIMER PRINCIPIO: Dios tiene un Plan

El primer principio empieza con Dios y sus propósitos. *Dios tiene un plan y un propósito definitivo para el mundo* (Job 23:13; Ef. 1:8-12).

No queremos tomar mucho tiempo en este primer punto desde que tenemos la intención de dedicar un libreto entero sobre este tema. Déjeme resumir esta verdad con varios versículos de La Escritura.

Pero si él determina una cosa, ¿quién lo hará cambiar? Su alma deseó, e hizo. (Job 23:13 RVR)

I. Dios tiene un plan. "Pero si el determina una cosa...su alma deseó..."

II. El plan de Dios no puede ser cambiado. "¿Quién lo hará cambiar?"

III. El plan de Dios debe prevalecer y prevalecerá. "... e hizo (lo que deseó ó planeó)."

IV. El plan de Dios incluye todas las cosas que suceden.

...habiendo sido predestinados conforme al propósito [o plan] *de que hace TODAS LAS COSAS según el designio de su voluntad* (Ef. 1:11 énfasis agregado)

Y sabemos que a los que aman a Dios, **todas las cosas** *les ayudan a bien, esto es, a los que* **conforme a su propósito** *[o plan] son llamados.* (Ro. 8:28 énfasis agregado)

Los seguidores de Pelagius niegan que Dios tenga un plan. Los arminianos niegan que el plan sea específico y que incluya todas las cosas. Las confesiones de fe declaran, "Dios de toda eternidad ordenó toda cosa que llega a suceder de acuerdo a su más sabio y santo designio conforme a su propia voluntad." Aquí tenemos otros textos sobre el mismo tema:

- Dios hace todo DELIBERADAMENTE – (Sal. 115:3)
- Dios hace como a EL LE PLACE – (Sal. 135:6)
- Dios hace todas las cosas de acuerdo a su sabiduría, poder y deseo eterno – Is. 46:10 y Hch. 15:18.

Si usted se siente inclinado a rechazar lo que se está diciendo, le sugiero que busque varios versículos "difíciles" (Dt. 2:30; Is.16:14, y Ro. 9) e intente encajarlos en su sistema de teología. Una clásica ilustración de la soberanía de Dios en cuanto al cumplimiento de sus propósitos se encuentra en (II Sam. 17:1-14):

Vers. 1-3   Buen consejo es proveído.

Vers. 4   Absalón está listo para actuar.

Vers. 5-13 Mal consejo es dado a propósito.

Vers. 14   Dios determinó que Absalón creyera la mentira.

Como mencioné anteriormente, esto fue un breve resumen y será cubierto bajo el tema "La soberanía de Dios en Los Decretos" en un libreto distinto.

SEGUNDO PRINCIPIO: Dios Siempre Esta En Control

El segundo principio nace de y naturalmente sigue al primer principio. Dios no solo tiene un plan, pero El también lleva a cabo ese plan. El segundo principio es que *Dios está siempre en control total de todas las cosas y está constantemente trabajando para llevar a cabo su plan* (Hab. 1:1-11; Is. 10:5,6).

A veces el plan de Dios exige renacimiento, y como resultado, hubo el día de pentecostés cuando miles de almas fueron acarreadas hacia adentro del Reino de Dios. Otras veces, Su plan incluye el juicio. Isaías llama al juicio de Dios su "trabajo extraño," pero es nada menos que el trabajo de Dios. Así como hubo el día de pentecostés cuando miles de personas fueron salvados, así también hubo un día de juicio cuando un diluvio universal barrió con casi toda la raza humana hacia una condenación eterna. Debemos ver que Dios es tanto el autor de uno como del otro. Si es pentecostés o el diluvio, si son los eventos de hechos 2 o génesis 6, Dios está en control total y está ocupándose de su propio plan. La lluvia y la cosecha completa así como la sequia y los graneros vacíos vienen de la mano del mismo Dios soberano. Debemos aprender a alabarlo en *ambas* situaciones (Hab. 3:17-19).

El Silencio de Dios

El primer texto de Escritura que queremos ver para demostrar esta verdad está en el libro de Habacuc. El libro de Habacuc fue escrito principalmente para darnos una perspectiva bíblica de la historia. El profeta trata con un problema que es muy evidente hoy en día. El se refiere a la pregunta, "¿Como puede un Dios santo permitir que hombres malvados triunfen, sobre los justos?" Hombres malvados en realidad triunfan, y es usualmente a costa de los justos. Podríamos hacer la pregunta de otra manera, "¿Por qué a veces parece que Dios está sordo a las oraciones de su pueblo cuando le suplican en tiempo de problema y confusión?" Miremos al texto para las respuestas:

> *Ésta es la profecía que el profeta Habacuc recibió en visión. ¿Hasta cuándo, SEÑOR, he de pedirte ayuda sin que tú me escuches? ¿Hasta cuándo he de quejarme de la violencia sin que tú nos salves? ¿Por qué me haces presenciar calamidades? ¿Por qué debo contemplar el sufrimiento? Veo ante mis ojos destrucción y violencia; surgen riñas y abundan las contiendas. Por lo tanto, se entorpece la ley y no se da curso a la justicia. El impío acosa al justo, y las sentencias que se dictan son injustas. ¡Miren a las naciones! ¡Contémplenlas y quédense asombrados!* **Estoy por hacer en estos días cosas** *tan sorprendentes que no las creerán aunque alguien se las explique.* **Estoy incitando a los caldeos,** *ese pueblo despiadado e impetuoso, que recorre toda la tierra para apoderarse de territorios ajenos.* (Hab. 1:1-6 NVI énfasis agregado)

Conforme lee esto, note en el versículo 2 que Habacuc esta orándole a Dios y está acusándolo de ya sea, no escucharle o no responder a sus clamados. Habacuc esta rogando para que Dios mande avivar, pero en vez parece que Dios no hace nada y aun permite que las cosas empeoren. Habacuc mira a su alrededor y ve violencia, corrupción e injusticia en cada mano y Dios aparenta no estar haciendo algo al respecto. Habacuc quiere que venga una reanimación pero todo lo que ve es desorden incrementando.

El verso 3 declara que Dios forza a Habacuc a ver la situación horrorosa. Es como que Dios insiste a que el vea y reconozca la violencia en toda mano. "Veo injusticia; veo maldad en todas las áreas de la sociedad; escucho a hombres blasfemando contra Dios; y lo peor de todo, Dios aparenta no hacer nada." En el verso 4 Habacuc concluye, "Por lo tanto, se entorpece la ley." El describe una sociedad controlada por desorden donde el hombre malvado, si tiene suficiente dinero, puede salirse con la suya en todo. Habacuc esta describiendo una sociedad muy similar a la sociedad de hoy. En los cuatro primeros versos usted puede ver sus acusaciones contra Dios, y "acusación" es la palabra correcta para usar. Habacuc está acusando a Dios ya sea de estar sordo o de no ser lo suficientemente poderoso para escuchar y contestar sus oraciones. Dios parece no poder o no querer hacer algo acerca de la situación horrible en la sociedad, y Habacuc parece estar desperdiciando su tiempo en oración.

En el versículo 5, Dios le responde a Habacuc, y su respuesta es más difícil de entender que su silencio. Ahora recuerde, Habacuc esta orando con respecto al pueblo de Dios y a los de Su alianza. El está hablando acerca de la nación de Israel. Quiero que note particularmente en el versículo 5 donde Dios dice, "**Estoy por hacer** en estos días cosas." Ahora en el versículo 6, Dios dice, "**Estoy incitando** a los caldeos." Dios le responde a Habacuc, y en efecto dice, "Estoy muy involucrado y no soy sordo, ciego, o impotente." El versículo 5 es muy entretenido: Dios dice, "cuando les cuente del trabajo que estoy haciendo, no me lo van a creer," en efecto, cuando Dios le dice a Habacuc lo que está por hacer, pobre Habacuc, se pone más molesto de lo que estaba anteriormente. Primero el estaba confundido por la *inactividad* aparente de Dios, pero ahora su problema mayor es con la *actividad* que Dios anuncia. Los propósitos de Dios se ven peor que su silencio. ¿Qué es lo que Dios estaba por hacer exactamente? En ese mismo instante, Dios estaba fortaleciendo a la nación de Caldea y moviéndola para invadir Israel. Los caldeos vienen y Dios mismo es responsable de enviarlo.

"El Diablo Lo Hizo"

Algunos tele-evangelistas contemporáneos puede que hayan respondido, "¡eso es una mentira porque Dios es un Dios bueno y algo bueno te pasará a ti hoy!" Era cierto que la invasión de los caldeos iba a ser usada por Dios con **buenos propósitos;** de hecho, los tiempos terribles serían los medios de traer arrepentimiento, y así, la respuesta a las oraciones por renacimiento de Habacuc. Un dios así, con dichos métodos, nunca encajaría en el concepto popular contemporáneo de Dios y su soberanía. Nosotros simplemente debemos meternos en la mente que cuando los caldeos vengan, no es "el diablo quien los manda" para estropear nuestro partido; es Dios mismo quien los está enviando. No importa qué situación es la que nos desconcierta hoy; si pasa, la mano de Dios está en esa y sobre esa situación, o nunca hubiera pasado. Dios la envió para llevar algo acabo. Debemos buscar su rostro y pedirle la gracia para aprender cualquier lección que El está buscando enseñarnos a través de esta prueba en particular, en vez de culpar al diablo.

El culpar al diablo por nuestras dificultades es una forma indirecta de fortalecer nuestra vanidad auto-justificada: "Por seguro que somos súper-espirituales para ser atacados por el diablo tan fuertemente." Hasta que usted vea la mano de Dios en todas las cosas, usted estará peleando contra Dios y con el mero propósito por el cual El envía el problema. No hay nada tan trágico como escuchar a un creyente sincero, pero confundido, culpar al diablo por los frutos de su propia estupidez. ¡Especialmente cuando él entonces puede pensar que el diablo lo hizo justamente porque él era muy espiritual!, nunca se le ocurrió que a lo mejor él creyó y esperó algo que Dios nunca había prometido, y a la misma vez él no entiende que Dios fue quien le envió sus circunstancias. El problema es doble: Su teología equivocada no lo deja escuchar a Dios hablarle en sus pruebas; y aun peor, lo endurece en su espiritualidad falsa.

¿Ve usted lo que el texto está enseñando? "**Estoy** (Dios, no el diablo) **por hacer en estos días** cosas," y estas cosas serán cosas de **juicio**. Note de nuevo el énfasis en el versículo 6, "**Estoy** (Dios, no el diablo) **incitando a los caldeos.**" Dios mismo es quien está mandando esta terrible nación en contra de su pueblo escogido. Después en el mismo capítulo, Dios muestra que también va a juzgar a los caldeos por lo que hicieron, pero trataremos con eso después bajo otro principio.

Ya que este segundo principio, Dios está en control, es tan importante, y desde que es el fundamento de todo lo que sigue, déjeme darle otras Escrituras que enseñan la misma verdad. El capitulo diez de Isaías contiene por lo menos tres de los principios que queremos examinar. El segundo, el cual estamos considerando, puede ser encontrado en los versículos 5 y 6:

*¡Ay de Asiria, vara de mi ira! ¡El garrote de mi enojo está en su mano! **Lo envío** contra una nación impía, **lo mando contra** un pueblo que me enfurece, para saquearlo y despojarlo, para pisotearlo como al barro de las calles.* (Is.10:5-6 NVI)

En vez de usar a los caldeos, Dios ahora está usando a los asirios. En el verso 5, Dios declara que el garrote en la mano de los asirios realmente está en Su mano. Los asirios pude que sean quienes están dando golpiza (versículo 15), pero detrás de los asirios esta la mano de Dios. En el verso 6 Dios dice, "**Lo envío** (eso es, los asirios) contra una nación impía, **lo mando contra** un pueblo que me enfurece." Dios, no es el diablo, está mandando a los asirios contra Israel. Dios dice, "lo (yo) **mando contra**." Este versículo claramente enseña el principio que Dios siempre está en control. No importa lo que esté sucediendo o quien está haciéndolo, Dios siempre está obrando soberanamente. El está en control total y está obrando su propio propósito ya decretado. Cuando hay prueba o problema, es peligroso escuchar una persona con buenas intenciones, pero equivocada que dice, "mi Dios es tan amoroso y muy bueno para ser capaz de hacer algo así." Irónicamente, tal persona probablemente está en lo correcto. "Su Dios" nació de su propia imaginación emotiva en vez de las palabras de las Escrituras.

TERCER PRINCIPIO: Todos Trabajan Para Dios

Aquí tenemos el tercer principio. *Cuando Dios lleva a cabo sus propios planes, El usa a todos, aun al diablo.* Al principio esto sorprende a algunas personas: "¡Cómo! ¿Dios usa al diablo?" Esto es exactamente correcto. Todo el mundo, aun el diablo, sirve a los propósitos de Dios. Desde luego, un siervo puede servir de mala gana y odiar su servidumbre;

pero él es, nada menos que, un sirviente. Así mismo es con el diablo. El nunca ha hecho una cosa por amor o por obediencia a Dios. El diablo nunca ha hecho una cosa conscientemente para traerle gloria a Dios. Todo lo que el diablo hace, lo hace porque odia a Dios y está intentando frustrar los propósitos de Dios. Sin embargo, al final, todo lo que el diablo hace, con seguridad avanzará el propósito de Dios. El diablo siempre ha sido y será un perdedor.. Al final, será mostrado que el diablo nunca ganó una sola vez y eso incluye ¡el Jardín del Edén!

Miremos esta verdad presentada en Isaías capitulo diez:

"Pero esto [Asiria] no se lo propuso; ¡ni siquiera lo pensó! Sólo busca destruir y aniquilar a muchas naciones. Pues dice: "¿Acaso no son reyes todos mis jefes? … Así como alcanzó mi mano a los reinos de los ídolos, reinos cuyas imágenes superaban a las de Jerusalén y de Samaria, y así como hice con Samaria y sus dioses, también haré con Jerusalén y sus ídolos." (Isaías 10:7-11 NVI)

El texto está muy claro; los asirios no piensan igual que Dios. De hecho, es perfectamente obvio que ellos no están pensando en Dios para nada. Todo lo que los asirios arrogantes tienen en mente es destruir a otra nación y robarle de sus riquezas. Sin embargo, totalmente desconocido a los asirios, Dios está dirigiéndolo todo. Dios está moviéndole la mente y las emociones de los asirios. Él señor soberano esta dirigiendo cada acción de los asirios para llevar a cabo su propio propósito de juicio sobre Israel.

La Ira Del Hombre Glorifica A Dios

El salmo 76, verso 10 es un versículo muy interesante e ilustra el mismo principio. El versículo lee, "Ciertamente la ira del hombre te alabará…" y entonces continua diciendo, "tú reprimirás el resto de las iras." En otras palabras, el hombre está lleno de ira contra Dios y su autoridad. Dios no puso esa ira dentro del hombre, tampoco es Dios responsable de la ira o de las acciones del hombre que expresan esa ira. El supuesto "libre albedrío" del hombre está totalmente controlado por su naturaleza rebelde y es cien por ciento responsable por ambos, cada onza de ira y de pecado en corazón del hombre y por cada acto producido por esa ira y pecado. No obstante, Dios totalmente controla y dirige el corazón del hombre. Toda la ira del hombre que *avanzará los propósitos de Dios* tiene permitido salir a la superficie y ser usado y controlado por Dios y para sus propios fines. Sin embargo, hay bastante ira en el hombre que no encaja en los propósitos de Dios, entonces él le pone un corcho al "residuo de esa ira" y no permite que sea expresada. Dios controla la ira del hombre en ambas formas. Dios decide cuándo y cuanto de la ira del Hombre será expresada, y también usa cada expresión de esa ira para llevar a cabo alguna parte específica de su plan ya decretado.

"¡El diablo es el siervo más trabajador que Dios tiene!" Recuerdo cuan asombrado yo estaba cuando escuché por primera vez esta declaración. Sin embargo, el momento cuando Dios me enseñó la verdad de su soberanía absoluta, inmediatamente vi cuan cierta es esta declaración. Concedido que, el diablo hace cada una de las cosas que hace por puro odio; no obstante, Dios controla y usa todo para llevar a cabo su propio plan ya preparado. A lo mejor una ilustración nos ayudará a ver este punto.

Una Ilustración De Soberanía

Un hombre muy rico que llamaremos señor Rico tenía un estado hermoso con toda clase de árboles. Al señor Rico no le gustaban las mujeres, él era soltero; el no soportaba a los animales, así que no tenia mascotas. El trataba a sus árboles en la forma que algunas personas tratan a sus mascotas. Él le puso nombre a cada árbol. El señor Rico tenía un árbol en particular que era su favorito. Tristemente, él también tenía un enemigo (lo llamaremos señor Malo) que lo odiaba y deseaba herirlo; sin embargo, el enemigo no podía encontrar la forma de llevar a cabo sus deseos malignos. Una noche al señor Malo se le ocurrió una manera de herirle profundamente y hacerle daño al señor Rico. El señor Malo trepó la valla y entró al huerto, luego procedió a cortar el árbol favorito del señor Rico. Solo en pensar en lo herido que estaría el señor Rico al ver su árbol favorito destruido hacía trabajar más duro el señor Malo. Finalmente el árbol empezó a caer. El señor Malo estaba tan emocionado que corrió hacia el lado equivocado. El árbol le cayó encima y lo prensó contra el suelo.

Pronto después del amanecer, el señor Malo vio a dos hombres caminando hacia el árbol caído. "Sé que he sido pescado y sé que seré castigado, *pero no me importa. ¡Arruiné tu árbol favorito!*" El pobre hombre estaba tan lleno de odio patológico que seguía diciendo, "¡arruiné tu árbol! ¡Arruiné tu árbol!" El señor rico lo miró y le dijo, "El hombre que está conmigo es un contratista de construcción. Tengo que tumbar uno de mis arboles para construirle una casa de verano a mis padres, y había escogido justo este lugar. Traje a este señor para mostrarle cual árbol tendríamos que cortar, pero veo que nos has ahorrado la molestia. ¡Gracias!"

Estoy seguro que ve el punto. Todo lo que hace el diablo, siempre, de alguna manera, avanzará los propósitos de Dios.

Debemos recordar que Dios lleva a cabo sus propósitos en un mundo de pecado; por esta razón, hay mucho trabajo desagradable que debe hacerse. Dios nunca se ensuciará las manos, porque el diablo (sin saberlo) se encargara de todo el trabajo sucio. Los hermanos de José, puede que hayan hecho lo que hicieron motivados por odio, pero "Dios lo encaminó a bien..." lo que había decretado (Gn. 50:20) Los asirios y los caldeos puede que hayan estado motivados completamente por codicia de poder y del botín, pero Dios estaba a cargo cada una de sus expediciones.

CUARTO PRINCIPIO: ¡Dios Castiga A Las Mismas Personas Que El Usa!

El cuarto principio es a lo mejor uno de los más difíciles de reconciliar con nuestro sentido de derecho y justicia. Dios en realidad castiga a las mismas personas que El usa para llevar a cabo su plan cuando esas personas actúan con una motivación mala y sin pensar en Dios.

Mire de nuevo en Isaías 10:

> *Cuando el Señor termine lo que va a hacer contra el monte Sión y contra Jerusalén, él   dirá: Castigaré el fruto del orgulloso corazón del rey de Asiria y la arrogancia de sus ojos. Porque afirma: Esto lo hizo el poder de **mi mano**; lo hizo mi sabiduría, porque **soy inteligente**. **He** cambiado las fronteras de los pueblos, **he** saqueado sus tesoros; como un guerrero poderoso **he** derribado a sus reyes.* (Is. 10:12-13 NVI énfasis agregado)

Usted puede sentir la incredulidad arrogante y la autosuficiencia del asirio. El realmente cree que ha conseguido todo por su propia sabiduría y fuerza. El no tiene noción de Dios ni tampoco lo reconoce en ninguno de sus caminos. Si fuéramos a decirle la verdad de lo que realmente está sucediendo, él probablemente se tiraría a reír, y después nos mataría por atrevernos a insinuar que había una persona más fuerte que él. El próximo verso realmente muestra su engreimiento:

"Como quien mete la mano en un nido, me he adueñado de la riqueza de los pueblos; como quien recoge huevos abandonados, me he apoderado de toda la tierra; y no hubo nadie que aleteara ni abriera el pico y chillara." (Is. 10:14 NVI)

Aquel rey ostentoso se compara a sí mismo a un hombre robando un nido de aves indefensas. El puede reírse de los ejércitos y las armadas de todas las naciones por su superioridad en fuerza. Todos tienen tanto miedo de hasta abrir su boca y protestar, y mucho menos tratar de detenerlo. Ah, espere un momento y escuche a alguien más hablando. Escuche a Dios decir el porqué de la invasión de Israel se llevó a cabo y que es lo que les sucederá a los asirios. En los versos 5 y 6, él dice que va a usar a los asirios para castigar a Israel. En el verso 12, Dios repite que de hecho a usado a los asirios, pero entonces agrega, "castigara el fruto de la soberbia del corazón del rey de asiria..." Dios tratara con el asirio ¡por lo que él hizo! El verso 15 nos dice porque Dios está enojado con el asirio, aun cuando el asirio solo (sin saberlo) completaba un trabajo que había sido asignado por Dios. Deje que estas palabras penetren en su mente y corazón, y construya su teología en la revelación de Dios.

¿Puede acaso gloriarse el hacha más que el que la maneja (¿Quién es el hacha, y quien la está manejando en estos versículos?), *o jactarse la sierra contra quien la usa?* (¿Quién es la sierra, y quien

la esta usando?) *¡Como si pudiera el bastón [el asirio] manejar a quien lo tiene en la mano* (¿puede el asirio controlar a Dios o alterar sus propósitos?), *o la frágil vara pudiera levantar a quien pesa más que la madera!* (¿Puede un hombre usar, controlar o de alguna forma frustrar las acciones y propósitos de Dios?) (Is. 10:15 NVI)

Parta este versículo de cualquier forma que quiera, y siempre resulta igual. Dios movió y usó al asirio para llevar a cabo su plan de juicio, y entonces el castiga al asirio por lo que hizo simplemente porque él actuó con una motivación mala y sin considerar a Dios para nada. ¿Suena injusto que Dios use a las personas y que después las castigue por lo que hicieron? El fracaso en entender esta verdad, es una de las razones principales por la cual cristianos no instruidos tienen tanta dificultad para creer en la soberanía absoluta de Dios. Ellos confunden el "libre albedrío" del hombre con la doctrina bíblica de "libre agencia" del hombre. Porque ellos no han entendido la diferencia, ellos piensas que solo hay dos opciones: (1) o el hombre es totalmente libre [aun el poder de Dios está limitado por la soberanía de la voluntad del hombre], o si no (2) el hombre es un robot (la soberanía de Dios de alguna manera (?) elimina la necesidad del hombre de hacer decisiones correctas) y por lo tanto no puede ser responsable por sus acciones.

Dios Es Soberano – El Hombre Es Responsable

Las Escrituras que estamos examinando muestran que ambas de las opciones anteriores son falsas. La palabra de Dios de principio a fin, enseña que Dios es absolutamente soberano y controla a todos y todas las cosas conforme a su elaboración, su propósito y plan ya decretado por el mismo. La biblia también enseña que todo ser humano es completamente responsable por sus acciones. Nuestro finito, limitado cerebro puede que se resista a creer esto y considere como una contradicción, pero la escritura declara ambas cosas ser verdad. La validez de estos dos conceptos no dependen de si entendemos uno, los dos o ninguno de estos hechos bíblicos; estos son *ambos verdaderos simplemente porque Dios los reveló **ambos** en su palabra*. Dios es absolutamente soberano y va llevar a cabo cada parte de su plan decretado, y el hombre es totalmente responsable por cada uno de sus pensamientos, palabras y acciones.

¿Dice Isaías 10:5, 6,12 explícitamente que Dios controló y envió al asirio a invadir y castigar a Israel? ¿Declaran los versículos 7-11, 15 que el asirio hizo lo que hizo por su propio corazón malvado y su orgullo arrogante? ¿Enseñan los versículos 12 y 15 enfáticamente que Dios va a castigar al asirio deliberadamente por lo que hizo *a pesar del hecho que lo que él hizo fue ordenado y hecho por el poder y control de Dios*?

Miremos otros textos que enseñan esta misma verdad. Hechos 2:23 es un versículo clásico que pone juntos a los decretos de un Dios soberano y las acciones libres de criaturas responsables. En el versículo 22, Pedro les recuerda a los judíos que Cristo tenía todas las credenciales para probar que en verdad él era el Mesías prometido. Entonces leemos estas palabras:

A éste, entregado por el determinado consejo y anticipado conocimiento de Dios... (Hch. 2:23ª RV)

En la traducción RVC dice:

Fue entregado conforme al plan determinado y el conocimiento anticipado de Dios.

¿Puede usted imaginar a los mismos judíos que varias semanas atrás habían gritado, "¡crucifíquenlo, crucifíquenlo!" escuchando a Pedro atribuirle el evento entero del Calvario al propósito soberano absoluto de Dios? Esos hombres hubieran estado listos para dar un suspiro de alivio y hubieran dicho, "Nosotros pensamos que éramos responsables por la muerte de Jesús, pero ahora nos damos cuenta que no somos culpables. Fue Dios y no nosotros." Ellos hubieran amado poder haberse quitado la responsabilidad de encima de ese terrible evento. Tristemente, eso es exactamente lo que una teología errónea les permitiría hacer. Dese cuenta, sin embargo, en el resto del versículo:

> *Y por medio de gente malvada, ustedes lo mataron, clavándolo en la cruz.* (Hch. 2:23b NVI)

Pedro dice, "Es cierto que fue el propósito soberano de Dios crucificar a Jesucristo, ¡pero eso de ninguna manera los excusa a ustedes!" Ustedes actuaron por el odio de sus corazones y ¡**su sangre esta sobre sus cabezas!** Mis queridos lectores, palabras no pueden ser más claras. El versículo muestra que Dios usa hombres malvados para llevar a cabo sus acciones malvadas. Puede que no entendamos como estas dos cosas pueden ser ciertas, pero no podemos negar que la palabra de Dios las declara a **ambas ser ciertas**. Calvinistas extremados puede que nieguen una y Arminianos puede que nieguen la otra, pero nosotros vamos a creer y a predicar ambas.

Decretos De Dios y "Libre Albedrío" Del Hombre

Déjeme darle esta verdad en una declaración clásica de uno de los puritanos. "Lo que Dios soberanamente *decreta en la eternidad, el hombre siempre lo exigirá al final."* El "libre albedrio" del hombre siempre escogerá libremente la misma cosa que Dios ha decretado soberanamente y el propósito de Dios será cumplido, y así de seguro, el hombre será responsable por todos sus actos pecaminosos. No conozco otra escritura que demuestre esta verdad tan claramente como Mt. 27. El capítulo entero narra los intentos vanos del hombre para negar la responsabilidad personal. Primero, Judas intentó negar su responsabilidad por la muerte de Cristo declarando la inocencia de Cristo y regresando las 30 piezas de plata a los sacerdotes principales y a los miembros del consejo. Ellos, le respondieron de regreso, "¿Qué nos importa a nosotros? ¡Allá tú!" ¿No fue su responsabilidad asegurarse que Cristo fuera, ciertamente, culpable y merecedor de muerte? ¡Ciertamente fue!

El relato de Jesús ante Pilato contiene un retrato de un intento descarado de esquivar responsabilidad. Pilato sabía que Jesús era inocente y aun así, él deliberadamente distorsionó y destruyo la ley y su justicia castigándolo a Él. Entonces él intento absolverse a sí mismo de responsabilidad, sin embargo, Mateo hace claro que el evento entero se llevó a cabo porque Pilato hizo lo que la gente escogió con su "libre albedrío." Recuerde, ellos tenían el poder y la autoridad para escoger **a quien sea que ellos querían escoger para poner en libertad. Fue completamente su decisión.** Note cuidadosamente las palabras del testo:

> *Ahora bien, en el día de la fiesta acostumbraba el gobernador soltar al pueblo un preso, **el que quisiesen.*** (Mt. 27:15 [La NVI dice,"... un preso **que la gente escogiera.**" Énfasis agregado])

La decisión fue puesta en las manos del "libre albedrío" de la multitud, y la multitud conscientemente y deliberadamente escogió a un notorio criminal culpable llamado Barrabás. Contra la protesta de su esposa, su consciencia, y ambas leyes romanas y hebreas, Pilato reusó parar la injusticia. El se dejó llevar por las peticiones de la muchedumbre. Cuando preguntó lo que ellos querían que fuera hecho con "Jesús quien es llamado El Cristo," la multitud gritó a una sola voz, "¡crucifíquenlo!" Pilato intentó todo truco que sabía para hacerles cambiar de parecer, pero lo único que logró fue hacerles gritar más fuerte, "¡crucifíquenlo!"

Culpable Por Ser Totalmente "Libre"

Pilato finalmente intentó negar su responsabilidad personal lavándose las manos frente a la multitud. El dijo, "Inocente soy yo de la sangre de este justo; **allá vosotros.**" El pueblo respondió sin vacilar y con gusto asumió la responsabilidad de la situación entera. Ellos respondieron de forma desafiante, "¡su sangre sea sobre nosotros, y sobre nuestros hijos!" ¿Podría un grupo ser más culpable y responsable de sus acciones, de lo que esta multitud era? ¿Cumplió alguien con más detalle alguna vez (aun sin saberlo) el propósito secreto de Dios, mejor de lo que Pilato y esta multitud lo hizo?

Cuidadosamente considere dos preguntas simples y sus respuestas claras en los versículos de Mateo 27.

(1) ¿Exactamente que decretó Dios todo poderoso que le pasaría a su hijo? **¡Que El sería crucificado!** ¿Exactamente qué fue lo que esa multitud loca violentamente demandó que sucediera? **¡La crucifixión de Cristo!**

Lo que Dios soberanamente decreta en la eternidad, el hombre siempre lo exigirá al final.

(2) ¿Qué es la única cosa (con respecto al pago del pecado) que va a satisfacer el carácter de un Dios santo? **¡La sangre derramada**

de Jesucristo! ¿Qué es la única cosa que podría satisfacer el odio y la pasión de esa multitud? **¡La sangre derramada de Jesucristo!**

Lo que Dios soberanamente ordena en la eternidad, el hombre lo escogerá por su propio libre albedrío a final.

Tal vez una ilustración nos ayudará a entender este punto. Un trabajador de ferrocarril que es responsable de oprimir el botón para cambiar la dirección de los carriles, sobre los cuales corren dos trenes. Suponga que él se emborrachó, se fue a dormir y no presionó el botón cuando debía hacerlo, los dos trenes chocaron y más de 100 personas murieron. ¿Puede el hombre ser acusado justamente de homicidio? Creo que todos estaríamos de acuerdo que sí. Suponga ahora que el borracho desconocía que una inundación repentina arrastró un puente. Ahora, el hombre estaba borracho y no presionó el botón, pero también porque el puente había sido destruido, un terrible accidente fue *evitado*. ¿Sería ahora justo recompensar al hombre por estar borracho y no haber presionado el botón, ya que su falta evitó el accidente?

Ahora piense claramente. ¿En qué momento fue el trabajador del ferrocarril más culpable? ¿Fue cuando su acción pecaminosa *causó* un accidente ó cuando su misma acción *evitó* un accidente? La respuesta es simple. Si usted juzga al hombre exclusivamente en el campo de su *deber*, ó responsabilidad, entonces él fue tan culpable en ambas ocasiones. Dios puede usar lo peor de los pecados para llevar a cabo algo muy bueno, pero él todavía mantiene al individuo responsable por el pecado. Los caldeos, los asirios, y los rebeldes quienes crucificaron a Cristo son prueba de esta realidad. Nosotros no somos responsables por los *resultados* de lo que Dios hace con nuestras acciones, pero sí somos responsables por las acciones mismas. Solo eso mismo será la base sobre la cual Dios tratará con nosotros.

Antes de pasar al siguiente principio, déjeme enfatizar el efecto práctico que el punto el cual discutimos deberá tener en nuestras vidas personales. Nosotros nunca debemos sentir que somos peones o víctimas de los impíos. Nosotros debemos siempre ver la mano de nuestro Padre Celestial controlando todas las cosas. Si el impío prevalece, es solamente porque Dios se ha propuesto usarlo para su propia gloria y para nuestro bien.

Durante los cincuenta años que he estado en el ministerio, casi siempre he podido llevarme bien con los líderes con quienes trabajo. Hasta hace bien poco, hubo una excepción a esto. Trabajé con un diácono en particular que parecía odiarme; creo que él me hubiera herido si el hubiera podido salir sin culpa. Yo solía llamarle "Simei" (pero solo cuando mi esposa y yo hablábamos). Estoy seguro que usted recuerda de Simei. Mientras David se huía de Absalón después que Absalón había tomado el reino, Simei maldijo a David y dijo "¡Fuera, fuera, hombre sanguinario y perverso!" Uno de los hombres de David quería "silenciar la lengua de Simei para siempre," pero David dijo, "Dejadle que me maldiga, Dios se lo ha dicho". David reconoció la mano de Dios.

Este diácono era como Simei. Cuando estaba en el comité de diáconos, el agrandaba cada cosa mala que yo hacía, e ignoraba todo lo bueno. Me acosaba hasta la muerte. Lo extraño fue que hizo más para ayudarme a ser un mejor pastor que cualquier otro diácono con quien alguna vez yo serví. Mire, cuando él estaba en el comité, yo siempre me aseguraba de hacer todo (hasta el mas mínimo detalle), lo que se suponía que yo tenía que hacer. Tengo la tendencia de dejar las cosas para el último minuto y entonces olvidaba detalles pequeños. Nunca olvidé algo cuando "Simei" estaba en el comité. Llegué hasta el punto en que yo podía honestamente agradecerle a Dios por ese hombre. Creo que Dios sabía que necesitaba algo de ayuda, y envió a Simei para "ayudarme" a ser un mejor pastor. Yo también sabía que Dios iba a castigar a ese hombre ¡por toda la "ayuda" que él me dio!

Castigado Por "Ayudar A Dios"

¿Ve usted el punto? Todo lo que el hombre hizo, lo hizo motivado por el odio que me tenía. Su motivo ni era amor a Dios, ni a la verdad, ni la preocupación por la iglesia. ¡El me perseguía! Sin embargo, Dios lo usó para ayudarme, por el mismo hecho que me forzó a cuidar de los detalles. Como creyentes, podemos estar seguros que todo el mundo está bajo el control de Dios. Cuando oramos que él nos enseñe algo, el a menudo nos responde mandándonos personas a nuestras vidas que puede llevar a cabo esa tarea. Si nos revelamos en contra de sus "maestros," entonces nosotros realmente nos estamos revelando en contra de Dios. Demasiadas veces, nos gustaría escoger a ambos, al maestro y el curso de estudio, pero cuando lo hacemos, nosotros nunca aprendemos la lección necesaria. Dios envía a las personas que hacen el trabajo.

QUINTO PRINCIPIO: El Diablo Es El Agente De Todo Mal

El quinto principio es esencial para ayudarnos a ver dos cosas a la misma vez. Hay un diablo real, y está extremadamente ocupado. Hemos visto que Dios controla todas las cosas y que usa a todo el mundo para llevar a cabo sus propósitos ordenados. No obstante, aun cuando *toda enfermedad y aflicción proviene de la mano de Dios, es el diablo quien es el agente del mal.* En otras palabras, nosotros debemos ver ambas, la mano del diablo y la mano de Dios a la misma vez. Tengo un libro titulado *Sesenta y cinco errores en la biblia,* escrito por un pastor liberal. Aquí esta uno de los "errores" que el encontró en la biblia:

> *Volvió a encenderse la ira de Jehová contra Israel, e incitó a David contra ellos a que dijese: Ve, haz un censo de Israel y de Judá.* (2 S. 24:1)

> *Pero Satanás se levantó contra Israel, e incitó a David a que hiciese censo de Israel.* (1 Cr. 21:1)

Está claro que los versículos se refieren al mismo acontecimiento (cuando Israel y David fueron castigados por contar al pueblo). Es tan claro que un pasaje dice que Dios motiva a David y el otro pasaje dice que Satanás motivó a David. ¿Cuál versículo es correcto? Si nosotros entendemos el principio que estoy exponiendo, entonces es claro que ambos Dios y el diablo están involucrados. Fue el propósito de Dios (sin que Satanás lo supiera) y el odio de Satanás (el cual Dios usó) los que llevaron a cabo el trabajo. Dios usó ambos, el orgullo de David y el odio de Satanás, para llevar a cabo sus propios propósitos. Debemos ver la mano de Satanás como el **agente quien trae el mal,** pero también debemos ver la mano de Dios como el **movedor y controlador soberano.** Déjeme ilustrar este principio con una historia.

¡Dios "Envía" Todas Las Cosas!

Una señora anciana oraba en recio frente a una ventana abierta. Ella no tenía comida ni dinero, y estaba suplicándole a Dios que le supliera algo de comer. Dos jóvenes la escucharon y decidieron burlarse de la fe. Ellos fueron a la tienda y compraron pan y leche. Entonces ellos cautelosamente pusieron la leche y el pan a través de la ventana. Cuando la señora abrió los ojos y vio la comida, ella alabó a Dios por escuchar y contestar sus oraciones. Los jóvenes salieron por debajo de la ventana y dijeron, "señora, usted es estúpida. Dios no le envió esas cosas, nosotros las pusimos ahí, y lo hicimos solo para probarle que tan tonta es usted. Dios no le trajo esa leche ni el pan, nosotros lo trajimos".

¿Qué diría usted en un caso así? La señora sonrió, agradeció a los muchachos por la comida, y entonces dijo "tal vez el diablo **trajo** estas cosas, pero Dios las **envió.**" Estoy seguro que usted puede ver la diferencia. Cuando el cartero trae el recibo de la luz por doscientos dólares, usted no se enoja con él. El no lo **envió;** todo lo que hizo fue **entregarlo.** Este es el principio que debemos ver en todas las cosas difíciles que suceden. Thomas Watson era un puritano con la habilidad de poner verdades grandiosas en declaraciones cortas y precisas. Si usted entiende la siguiente cita, usted tiene el mensaje entero:

Dios siempre tiene una mano en la *acción* donde está el pecado, pero él nunca tiene una mano en el *pecado* de la acción. No importa lo que pasó, donde pasó, cuando pasó, o a quien le pasó. Si *pasó*, entonces Dios tuvo una mano en eso; él lo controló. Sin embargo, Dios no es culpable del pecado o del odio en los corazones de los hombres que causaron el pecado en la situación.

Es esencial darse cuenta cuán importante es este principio, en particular en nuestra vida cristiana. Nos dice la escritura "humillémonos bajo la mano poderosa de Dios" y *rendirnos a él*. Sin embargo, también nos dice, "resistir al diablo" y no dejarnos llevar por sus trucos y tentaciones. El problema cae en saber y reconocer la diferencia entre estas dos cosas. Muchos cristianos, bajo la apariencia de estar "resistiendo al diablo" están en realidad combatiendo la providencia soberana de Dios. Otros creyentes, bajo la apariencia de "entregándole todo a Dios" piadosamente, están ignorando deliberadamente su responsabilidad personal de obedecer principios y combatir la tentación. Hasta que aprendamos a ver ambos, la mano de Satanás y de Dios, puede que estemos luchando contra Dios cuando pensamos que estamos resistiendo a Satanás y viceversa.

SEXTO PRINCIPIO: Toda Aflicción NO Es Disciplina

Nuestro último principio le da en el mero corazón a la concepción errónea del evangelio del siglo veintiuno y sus ciertas promesas. Aun cuando *toda enfermedad y aflicción están bajo el control de Dios y son parte de sus propósitos, NO es verdad que todas son disciplina por el pecado.* **Algunas** aflicciones son definitivamente disciplina por el pecado, y son enviadas para traernos arrepentimiento y efectuar un cambio específico en nosotros; sin embargo, eso no es cierto todo el tiempo. **Algunas veces** Dios le permite sufrir a su pueblo solo para demostrar el poder de su gracia. Es incorrecto para un cristiano alguna vez sentir que Dios se está "desquitando" o castigándolo a él cuando viene la aflicción. Dios solo castiga por el pecado en uno de dos lugares: o lo castiga en Cristo y la deuda penal está completamente pagada, o si no, lo castiga en el pecador en el infierno. Aun cuando la aflicción viene hacia nuestras vidas en forma de disciplina, nunca es penal [eso es, de un Dios como juez], pero siempre es correctiva [eso es, de un padre celestial amoroso]. Nuestro padre nos *enseña* a través de aflicción, pero él nunca nos *castiga*.

El Caso De Job

En el libro de Habacuc y en Isaías, vimos a Dios usando aflicción para traer arrepentimiento por el pecado, con el propósito de así El poder enviar reanimación. El libro de Job también habla sobre aflicción, pero en un sentido totalmente diferente. Miremos al sufrimiento de Job y aprendamos este sexto principio. Primero, debemos estar seguros que sabemos cómo entender el libro de Job. Es fácil solo asumir que Job era un "santurrón" y Dios le envió las aflicciones para humillarlo. Los "amigos" de Job asumieron esto, y se mantuvieron insistiendo que así era, aun cuando ambos Job y Dios negaron que ese fuera el caso. No hay duda que Job habló unas tonterías; de la misma forma, nosotros sabemos que al final el conoció a Dios en una forma más profunda de lo que nunca antes lo había hecho. Estas cosas no cambian la verdad central del libro. Fíjese lo que Dios mismo dice acerca de Job:

> *En la región de Uz había un hombre recto e intachable, que temía a Dios y vivía apartado del mal. Este hombre se llamaba Job.* (Job 1:1 NVI)

Yo encuentro difícil creer que alguien pueda leer esas palabras y después proceder a menospreciar a Job diciendo que él era un santurrón. Si nosotros aceptamos esa idea, hacemos imposible el entender el significado del libro y el propósito de las aflicciones de Job. No sea que pensemos que el primer versículo no es en realidad la evaluación personal de Dios acerca de Job, entonces leamos las mismas palabras de Dios en Job 1:8 y las palabras agregadas en Job 2:3. El precepto primario a seguir es este: Las aflicciones enviadas a Job *no tenían nada que ver con la disciplina del pecado*. Podemos ir más allá y decir que una tentación mayor que Job enfrentó, y superó, fue creer y reconocer que las aflicciones fueron enviadas a causa del pecado. Ese es lo fundamental del libro. El objetivo del diálogo entre Satanás y Dios es resolver esta misma pregunta. ¿Continuará Job admitiendo que todo lo que le pasa viene de la mano de Dios, y a la misma vez todavía confiar y adorar a Dios? La respuesta es clara. Job perdió cada una de todas las cosas que tenia, pero él no desertó a su Dios, aun cuando no habían respuestas o explicaciones por lo que le estaba pasando.

Desafío Y Contra-Desafío

El libro de Job abre con un dialogo entre Satanás y Dios acerca de un desafío por Dios y un contra desafío por Satanás. Note esto en los siguientes versos:

Llegó el día en que los ángeles debían hacer acto de presencia ante el Señor, y con ellos se presentó también Satanás. Y el Señor le preguntó: — ¿De dónde vienes? —Vengo de rondar la tierra, y de recorrerla de un extremo a otro —le respondió Satanás. — ¿Te has puesto a pensar en mi siervo Job? —Volvió a preguntarle el Señor—. No hay en la tierra nadie como él; es un hombre recto e intachable, que me honra y vive apartado del mal. Satanás replicó: — ¿Y acaso Job te honra sin recibir nada a cambio? ¿Acaso no están bajo tu protección él y su familia y todas sus posesiones? De tal modo has bendecido la obra de sus manos que sus rebaños y ganados llenan toda la tierra. Pero extiende la mano y quítale todo lo que posee, ¡a ver si no te maldice en tu propia cara! —Muy bien —le contestó el Señor—. Todas sus posesiones están en tus manos, con la condición de que a él no le pongas la mano encima. Dicho esto, Satanás se retiró de la presencia del Señor. (Job 1:6-12 NVI)

En el verso 10 es obvio que Job está asegurado en las manos de Dios. De hecho, la acusación de Satanás es que la barrera que Dios ha puesto alrededor de Job le hace imposible llegarle. En el verso 11, Satanás desafía a Dios declarando "...extiende la mano y quítale todo lo que posee..." Dios responde diciendo "...Todas sus posesiones están en tus manos, con la condición de que a él no le [Satanás] pongas la mano encima." Ahora parece que Job esta en las manos de Satanás. ¿Está Job en las manos de Dios o en las manos de Satanás? Si usted ha entendido estos versículos, usted ve que Job esta en ambas, en las manos de Dios y en las manos de Satanás. Sin embargo, usted también ha visto que la mano de Dios está sobre la mano de Satanás, y Satanás solo puede hacer lo que Dios le permite hacer. En realidad, Job está justo tan en la mano de Dios cuando Satanás lo prueba como lo estaba anteriormente. La única diferencia es el grado al cual Dios ha escogido bajar la barrera que había puesto alrededor de Job.

¡Y vino todo de parte de Dios!

Todos conocemos la siguiente parte de la historia. Un sirviente le informa a Job que los sabeanos se habían robado los bueyes y las asnas, y después mataron a todos los sirvientes que se encargaban de ellos. Mientras este sirviente estaba hablando, otro llego y anuncio que fuego del cielo había caído y mató a todas las ovejas y a los sirvientes que las cuidaban. Un tercer sirviente apareció inmediatamente y reportó que los caldeos se habían robado los camellos y habían matado a esos sirvientes. En menos de sesenta segundos, Job descubrió que estaba en bancarrota de todas sus posesiones. Antes que el tercer hombre había terminado de hablar, un cuarto sirviente corre con las noticias que todos los hijos de Job habían muerto cuando un gran viento destruyó la casa en la cual ellos estaban festejando. Los próximos versículos nos dan la respuesta de Job a todos estos eventos terribles:

> *Al llegar a este punto, Job se levantó, se rasgó las vestiduras, se rasuró la cabeza, y luego se dejó caer al suelo en actitud de adoración. Entonces dijo: «Desnudo salí del vientre de mi madre, y desnudo he de partir. El Señor ha dado; el Señor ha quitado. ¡Bendito sea el nombre del Señor!» A pesar de todo esto, Job no pecó ni le echó la culpa a Dios. (Job 1:20-22 NVI)*

Note que Job nunca menciona a Satanás. Job le atribuye todo a la mano de Dios. Dios le había dado todas las ovejas, bueyes, camellos, y las asnas a Job, y el dijo, "el Señor ha quitado." Pero ¿qué es lo que dice sobre sus hijos? Job declara que sus nacimientos y sus muertes eran de la mano de Dios. Job mantiene su confianza en el control soberano de Dios y su promesa de la alianza, aun cuando su mundo personal es destruido.

Debemos comprender lo que está ocurriendo en la vida de Job. La Escritura nos aclara que Satanás y Dios están entablando una conversación, la cual resulta en acción en la vida de Job. Sin embargo, debemos recordar constantemente que Job, él mismo, no tenía forma de saber los hechos. De la única manera que sabemos es porque la Biblia nos lleva por detrás de la escena. Nosotros vemos y escuchamos a ambos, el desafío y el contra-desafío. Job ni vió y ni escuchó ninguno de los dos. Entendemos que el corazón y la vida de Job era el escenario sobre el cual el drama se llevaba a cabo. ¿Triunfará la gracia de Dios en el corazón de Job a pesar de las pruebas y tribulaciones? Leemos la historia y sabemos lo que está sucediendo, pero Job no sabía nada de esto. Job no tenía forma de saber que su corazón se usaba como una arena para exhibir los resultados de la conversación entre Satanás y Dios. Job no tenía – y no podía – tener una explicación lógica, racional, o ni teológica por lo que le estaba sucediendo. Todo lo que tenía era confianza en un Dios santo y soberano.

"Escena uno" [capitulo uno] en el espectáculo exhibe el poder y la gracia de Dios. Job mantuvo su fe y su integridad. "Escena dos" comienza con el mismo diálogo entre Satanás y Dios. Sin embargo, cuando Dios reta a Satanás la segunda vez, el se regocija sobre Satanás en el hecho que Job permanecía genuino y fiel a pesar de las terribles aflicciones. El tercer verso del capítulo dos nos proporciona con la llave del libro entero de Job:

> — *¿Te has puesto a pensar en mi siervo Job?* —*Volvió a preguntarle el Señor*—. *No hay en la tierra nadie como él; es un hombre recto e intachable, que me honra y vive apartado del mal. Y aunque **tú me incitaste contra él** para arruinarlo **sin motivo,** ¡todavía mantiene firme su integridad!* (Job 2:3 NVI, énfasis agregado)

Note cuidadosamente lo que el versículo dice. Antes que nada, es Dios mismo quien está "en contra de Job" por haberle mandado estas aflicciones. Es cierto que Satanás ha *traído las aflicciones,* pero Dios es *quien las mandó.* Es esencial que también veamos la segunda verdad en el texto. Dios se movió contra Job, *sin ninguna razón* a causa de Job. Las aflicciones no estaban conectadas de ninguna manera con cualquier pecado cometido por Job. Job estaba siendo usado como un "modelo de prueba", sin ningún conocimiento de lo que estaba sucediendo. El estaba demostrando y probando la suficiencia de la gracia de Dios bajo aflicciones inexplicables.

Además de sus otras pérdidas, Job también perdió su teología. Los amigos de Job le recordaron que él había creído y enseñado que Dios bendice al "bueno" y juzga al "malo"; desde que eso era cierto, Job no podía explicar lo que estaba sucediendo o reconciliarlo con su propia teología. Alguien ha dicho, "el libro de Job relata la primera vez que la teología ortodoxa fue confrontada con una situación que era muy grande para tratar con ella." El escritor de himnos entendió claramente el hecho cuando escribió:

Cuando todo alrededor, mi alma da lugar,
El entonces es toda mi esperanza y estadía,

Su juramento, su alianza, Su sangre,
Me sustenta en el torrente ahogador.

Hay veces cuando todo se derrumba y no queda nada a que sujetarnos nada más que de Dios mismo. Nos agarramos del conocimiento de su carácter y de su pacto. Toda nuestra teología y toda nuestra experiencia no son suficientes para entender y explicar los caminos de Dios. Sin embargo, aun cuando no podemos entender, podemos confiar que Dios será santo, justo y fiel en todos sus tratos con nosotros. A este lugar fue donde Job llegó. A través de los eventos terribles, la fe de Job fue probada genuina y Dios fue probado más que digno de su fe y esperanza.

Satanás ahora responde al regocijo de Dios sobre él en su fracaso de hacer que Job renunciara a su confianza en la gracia de Dios. Veamos los versículos que contiene el segundo dialogo:

— ¡Una cosa por la otra! —Replicó Satanás—. Con tal de salvar la vida, el hombre da todo lo que tiene. Pero extiende la mano y hiérelo, ¡a ver si no te maldice en tu propia cara!

—Muy bien —dijo el Señor a Satanás—, Job está en tus manos. Eso sí, respeta su vida. Dicho esto, Satanás se retiró de la presencia del Señor para afligir a Job con dolorosas llagas desde la planta del pie hasta la coronilla. Y Job, sentado en medio de las cenizas, tomó un pedazo de cerámica para rascarse constantemente. (Job 2:4-8 NVI)

Satanás todavía está convencido que Job es un hipócrita. El culpa a Dios por ser injusto en la prueba y de proteger a Job de dolor personal. Una cosa es perder "cosas" y ver a otras personas sufrir, pero es totalmente otra cosa experimentar dolor encarnizado día y noche. De nuevo debemos notar en el versículo 5 que Satanás, hablándole a Dios dice "…Pero extiende **la mano** y hiérelo," y en el verso 6 Dios le responde y le dice a Satanás, "—Muy bien —dijo el Señor a Satanás—, Job está en **tus manos**. Eso sí, respeta su vida." Dios baja la barrera un poco más pero claramente pone los límites. Todavía es la mano de Dios la que está en control, a pesar del hecho que la mano de Satanás es el agente de la aflicción. Job nunca duda que todo ha venido de la mano de Dios.

El verso 7 muestra a Job tomando una pieza de cerámica quebrado y rasguñándose el pus de los forúnculos que lo cubrían de pies a cabeza. Forúnculos son cosas extremadamente dolorosas. Job no se podía sentar, parar o acostarse sin dolor, ya que su cuerpo entero estaba cubierto con forúnculos. El se sentó "en medio de ceniza" porque era la cosa más suave que él pudo encontrar.

"¡Maldice A Dios y Muérete!"~

Los versículos 9 y 10 son muy instructivos. Ellos nos dan una idea del contraste entre la paralizante debilidad de una fe que anda por vista y la asombrosa fuerza de una fe que ve la mano soberana de Dios en todas las cosas. ¿Cómo se sentiría usted y respondería si esto le hubiera sido dicho a usted?

Su esposa le reprochó:

— *¿Todavía mantienes firme tu integridad? ¡Maldice a Dios y muérete!*   *Job*   *le*   *respondió:* —*Mujer, hablas como una necia. Si de Dios sabemos recibir lo bueno, ¿no sabremos también recibir lo malo? A pesar de todo esto, Job no pecó ni de palabra.* (Job 2:9, 10 NVI)

Los comentarios de la esposa de Job son típicos de ambos, los no creyentes y los cristianos no enseñados sentimentales que piensan de los tratos de Dios con en hombre en términos de un amor empalagoso, y niegan la realidad. En el momento en que nosotros repetimos las palabras de Job y declaramos los principios que hemos estado explicando, en los cuales Job tenía su esperanza, nosotros escuchamos una respuesta enojada que suena algo así en el lenguaje de hoy: "¿Me estás diciendo que tu honestamente crees que Dios esta de alguna manera conectado con estas aflicciones? ¡Yo no amaría ni serviría a un Dios así!" Pocas personas tendrían el valor de verbalizar sus sentimientos cuando se sienten de la manera que la esposa de Job se sintió; pero están de acuerdo con ella. "Voy a confiar y amar a Dios mientras él me da las cosas [que yo necesito para ser feliz], pero si él añade esa clase de sufrimiento, ¡entonces no voy a confiar en él!" ¡Cuan a menudo el diablo ha susurrado al los oídos de santos, probados y comprobados, esta misma blasfemia (maldecir a Dios y terminarlo todo)! Lo que hace esto aun más doloroso para Job es el hecho que viene de su propia esposa.

Ahora antes que usted la juzgue muy severamente, recuerde que ella tenía que cuidar de Job y escucharle sus quejas. ¡Eso sería un martirio! Todos esos hijos que murieron eran también su carne y sangre, y toda la abundancia perdida era igualmente de ella.

La Esencia De La Fe

La respuesta de Job es clásica. "Si de Dios sabemos recibir lo bueno, ¿no sabremos también recibir lo malo?" Job no tiene necesidad de la herejía del dualismo. Dios es el autor de **todas las cosas** así sean buenas o malas. Job hubiera sido un muy pobre partidario de "prosperidad" con su punto de vista sobre enfermedad y problemas. Dudo que él hubiera apoyado cualquiera de los predicadores de "salud y riqueza" que dominan la pantalla de televisión los domingos.

Aún ahora recuerde que Job todavía no entiende o tiene alguna explicación por las cosas que le están sucediendo. Todo lo que sabe es (1) Dios ha enviado cada una de las aflicciones, y (2) Dios debe tener una buena razón por hacerlo, aun si Job no puede comprender esa razón. Eso, mi amigo, es de fundamental importancia de fe bíblica en un Dios soberano y lleno de gracia. El ápice de la fe de Job se encuentra en esa gran declaración en Job 13:15. Fíjese el contexto entero:

> *Escuchadme, y hablaré yo, Y que me venga después lo que viniere. ¿Por qué quitaré yo mi carne con mis dientes, Y tomaré mi vida en mi mano? He aquí,* aunque él me matare, en él esperaré; *No obstante, defenderé delante de él mis caminos, Y él mismo será mi salvación,*
> *Porque no entrará en su presencia el impío. Oíd con atención mi razonamiento,*
> *Y mi declaración entre en vuestros oídos. He aquí ahora, si yo expusiere   mi   causa, Sé que seré justificado.* (Job 13:13-18 RVR énfasis agregado)

Job está completamente seguro que él será vindicado y será demostrado que Dios no estaba juzgándolo por pecado. Mientras tanto, Job está preparado a confiar en Dios sin importar lo que venga. Cuando el dijo "…aunque él me matare, en él esperaré…" Job está diciendo, "Aunque quien tomó las ovejas, las asnas, camellos, todos mis hijos, y mi salud, tomara el último paso y me matara (lo cual él tiene derecho de hacer cuando sea que el escoja), todavía confío en él y creo que él tiene una razón justa. No voy a creer que el esta maldiciéndome en estas aflicciones ni me voy a dar por vencido en creer que algún día estaré satisfecho y vindicado."

Déjeme desviarme por un momento para examinar un punto de vista que fácilmente pasa desapercibido en la tentación de Job. El propósito principal del ataque de Satanás es para probar solo un punto. Satanás afirma que *no hay cosa alguna como un "creyente genuino" que realmente ama a Dios por si*. El hombre solo adora a Dios porque es para su propio beneficio. Sin el motivo de "mira lo que obtengo de esto", el hombre renunciará a Dios y lo maldecirá en su propia cara. Esa parte de la tentación es fácil de ver; sin embargo, hay aun una trampa más grande para Job. Job cree que Dios es el gobernador soberano del mundo. Job cree que ha servido a Dios fielmente y que él es básicamente un hombre honesto. De ninguna manera Job afirma estar sin pecado o culpa, pero está afirmando que él ha amado y ha seguido a Dios con un corazón honesto. Si esto es cierto, entonces, ¿Cómo puede Job explicar todas estas aflicciones? Obviamente, el no puede ni siquiera empezar a explicar porque estas cosas están sucediendo.

Intentando Proteger A Dios

La tentación más grande para Job es *admitir el pecado del cual no es culpable como manera de excusar a Dios por mandar estos problemas.* El carácter de Dios como un Dios justo y honesto quien recompensa a las personas buenas y maldice a las personas malas entonces sería protegido. Job tendría una explicación teológico de porque Dios ha mandado estos problemas (estos serían ahora juicios o disciplinas), y sus amigos entonces podrían sinceramente animarlo a esperar perdón y restauración desde que él ha sido honesto y ha confesado su pecado secreto. El problema con esto es que Job estaría mintiendo; pero aun, el diablo ganaría por probar que Job era un mentiroso y un hipócrita interesado solamente en obtener la "mercancía" para empezar a restaurarse de la "aflicción". Hubiera sido mil veces más fácil dejarse llevar por la *apariencia* en vez de mantenerse en la *realidad*. Hubiera sido mucho más fácil para Job proteger a Dios con unos actitudes piadosas de lo que era honestamente enfrentar los hechos inexplicables con una fe impertérrito en Dios mismo, y su carácter soberano santo.

¿No es esta la gran piedra de tropiezo de la cruz? ¿Cómo puede el hijo amado de Dios sufrir tal agonía sin que su padre ni siquiera levantara una mano para ayudarlo? No, ¡no presentamos el caso correctamente! ¿Cómo puede un padre celestial, santo, justo y amoroso infligir las heridas con **sus propias manos**? La inhabilidad de los judíos de entender este hecho es lo que hace las afirmaciones de Cristo parecer ser blasfemias monstruosas. Seguramente, Jesús de Nazaret ha de ser culpable para sufrir así; Dios no castiga al inocente.

Suponga que usted haya estado ahí el día en que esos hombres malvados y crueles mataron a Esteban apedreado. Que hubiera dicho usted si alguien le susurrara al oído "¿Dios todo poderoso está a cargo de esta situación y está usando a estos hombres despreciables para llevar a cabo sus propósitos secretos?" Esteban creía eso, es expresó esperanza y confianza aun cuando él estaba siendo apedreado injustamente a muerte.

La Providencia De Dios Un Misterio

No tengo explicación al porque Dios permite que unos de sus santos sufran persecución y aflicción. Sin embargo, eso es ambos: un hecho bíblico e histórico de que así es el caso. Job, David, José y Esteban son ejemplos claros de la palabra de Dios; Fanny Crosby, Joni Eareckson Tada, y muchos hermanos y hermanas en nuestro círculo de conocidos dan testimonio de la misma verdad. No es para nosotros el cuestionar a Dios y preguntarle "¿Por qué?" ni es para nosotros el negar los textos de la escritura que enseñan una verdad que no nos guste. Es para nosotros el probar la gracia y poder de Dios confiando en el aun cuando no podemos entender.

Hace tiempo había un anuncio tonto de televisión sobre un tendero llamado señor Whipple quien regañaba a las mujeres por apretar el papel de baño para ver que tan suave era. Yo nunca vi ninguna mujer hacer esto en una tienda, pero sí las vi apretando limones y naranjas para ver si estaban podridas. Yo creo que eso es lo que le pasa al pueblo de Dios. El permite que el mundo nos apriete para ver de que estamos hechos. Cuando Dios abre su corazón a la gracia de Dios asombrosa, usted abrirá la boca y empezará a atestiguar. Usted se jactará de haber encontrado pan que realmente satisface su alma hambrienta y que trae alegría real a su vida. Sin embargo, algunas personas son escépticas, y ¡ellos le prueban a propósito para ver que tan "satisfecho" está usted realmente!

Cuando Dios muestra su gracia doblemente y nos enseña la verdad de su soberanía, nosotros seguido abrimos la boca para jactarnos sobre un Dios que controla a todo el mundo y cada evento. Puede ser que ridiculicemos al Dios débil de pobre arminiano. "Nuestro Dios no depende sobre el hombre o la voluntad del hombre. ¡Nuestro Dios soberano controla cada evento que viene a nuestras vidas!" Ahora el mundo realmente se vuelve escéptico y ellos dicen, "¿me pregunto si ellos realmente creen y confía en la soberanía de Dios? Interpongámonos a sus deseos y no los dejemos salir con la suya; veremos como ellos responden." ¿Como reaccionaría usted cuando un individuo malo y repugnante a propósito le impide obtener algo que usted quiere, *y puede que merezca?*

Si yo fuera un artista suficientemente talentoso, yo podría pintar la parte de afuera de un vaso de agua y hacerlo parecer como si estuviera lleno de limonada. Pero si agito el vaso, entonces lo de adentro del vaso será derramado. Puede que yo tenga leche en el vaso, aun cuando aparente estar lleno de limonada. El proceso de agitar el vaso muestra la leche.

Usted y yo puede que ridiculicemos a los arminianos mientras que nos pintemos con toda clase de etiquetas calvinistas, pero la verdadera prueba de nuestra fe en un Dios soberano es la manera que nos comportamos cuando estemos molestos y las cosas no salen como queremos. Cuando eso le pasa a usted, ¿que derrama de su vida? ¿La *gracia* soberana o la *carne* soberana de usted? Una teología correcta no es suficiente. Job en efecto perdió su teología. De hecho, sus amigos le dieron duro sobre la cabeza con su teología. "Job, tú nos has enseñado que Dios escucha y responde las oraciones de un hombre justo pero reúsa escuchar las oraciones de un pecador, y ahora cuando Dios guarda silencio para contigo y todas tus aflicciones han venido, ¡tu quieres mantener que tu eres justo! Tú eres un hipócrita pecador que no admite la responsabilidad de su pecado, y tus propuestas son blasfemias contra Dios. ¿Cómo reconcilias lo que está sucediendo contigo de acuerdo a tu teología?" ¿Cómo contestaría Job a tales acusaciones? El no podría negar que él había creído y enseñado exactamente lo que ellos dijeron, tampoco confesaría pecado del cual el no creía ser culpable. Job solo podía responder, "no puedo." La única cosa que él podía hacer era callarse y esperar a Dios. Job pudo haber escrito el himno que acabamos de citar.

"No Es Justo"

Seguido me llaman para aconsejar personas que han sido muy mal abusadas. Con lagrimas, ellos dicen: "pero pastor, fue tan injusto." Yo puedo sentir sus dolores. Yo recientemente pasé por una situación donde cristianos que yo amaba y en que confiaba, deliberadamente engañaron y mintieron para mantener posiciones de autoridad. Su comportamiento era peor que el de una campaña política secular. Fue una de las experiencias más difíciles de mi vida cristiana. Mi propio corazón quería gritar, "pero Señor, ellos *saben* que ellos están mintiendo. Es tan cruel e injusto. "

¿Que consolación es la única que podemos tomar cuando algo no es justo? Primero que nada, podemos recordarnos a nosotros mismos que ¡*Dios nunca ha indicado que **sería justo!*** De hecho, si tenemos aunque sea un poco de entendimiento de la palabra de Dios y tomamos su mensaje seriamente, nos damos cuenta que no deberíamos esperar que los impíos sean justos.

No era justo cuando Jeremías fue puesto adentro de un hoyo. No fue justo cuando los hermanos de José lo vendieron a la esclavitud. No fue justo que Esteban fue apedreado, o que Nerón arrojó a miles de cristianos a los leones. Muchas de las cosas que han sucedido a cristianos piadosos han sido horriblemente crueles e injustas (vea Hebreos 11). Sin embargo, ¿de dónde sacamos la idea que *"nosotros debemos esperar que sea justo"*? Este mundo no es un amigo de la gracia de Dios de ninguna manera. Lea Mateo 10:16-42 y después atrévase a preguntar porque no es justo.

Si, seremos exprimidos, pero nunca seremos "probados mas allá de lo que podemos." Si Dios escoge permitirnos ser puestos entre el horno, déjenos soportar como buenos soldados y exhibir el poder de su gracia. Déjenos orar por la gracia para creer y decir, "¿recibiremos de Dios el bien, y el mal no lo recibiremos?" Entendiendo y aplicando estos seis principios de la palabra de Dios nos ayudará grandemente a hacer esa misma cosa.

Uno de mis himnos favoritos ha captado la verdad que estoy intentando expresar. El himno es titulado "Lo Que Mi Dios Ordena Es Correcto." Si pudiéramos inculcar esta verdad en nuestros corazones de una manera que siempre fuéramos capaces de sentir su poder, seríamos "más que vencedores en Cristo" en toda situación. Veríamos la mano de Dios en todas las cosas y sabríamos que su gracia y amor soberano controlan todas las cosas. Los seis principios básicos que hemos cubierto serian como un Peñón de Gibraltar bajo nuestros pies. Cantaríamos con gran alegría, "lo que sea que tenga, tú me has enseñado a decir, está bien alma mía."

Cristiano, este soberano y amoroso Dios, es su Dios. Tome animo y tenga esperanza. Usted está absolutamente asegurado en la sombra de sus alas. El señor ya ha ganado la victoria completa-- - **¡y también lo hará usted!**

Si usted no es cristiano, entonces recuerde, este es el Dios contra quien usted se rebela. Usted ha escogido conscientemente odiar su autoridad y despreciar su gracia. Si usted nunca ha inclinado su corazón y voluntad en un arrepentimiento verdadero y fe a este gran Dios, entonces de todas las personas, usted es el más miserable y el más tonto. ¿Como puede pensar aun que puede pelear contra tal Dios y aun ganar? Vuélvase a él en fe y descubra que él es tan misericordioso como lo es soberano.